ÉPISODES
DE LA GUERRE 1870-1871

CHATEAUDUN

ET

LOIGNY

EXTRAITS DE « L'ASTROLOGUE DE LA BEAUCE ET DU PERCHE »

CHARTRES
IMPRIMERIE GARNIER
15, Rue du Grand-Cerf, 15.

1888

ÉPISODES

DE LA GUERRE 1870-1871

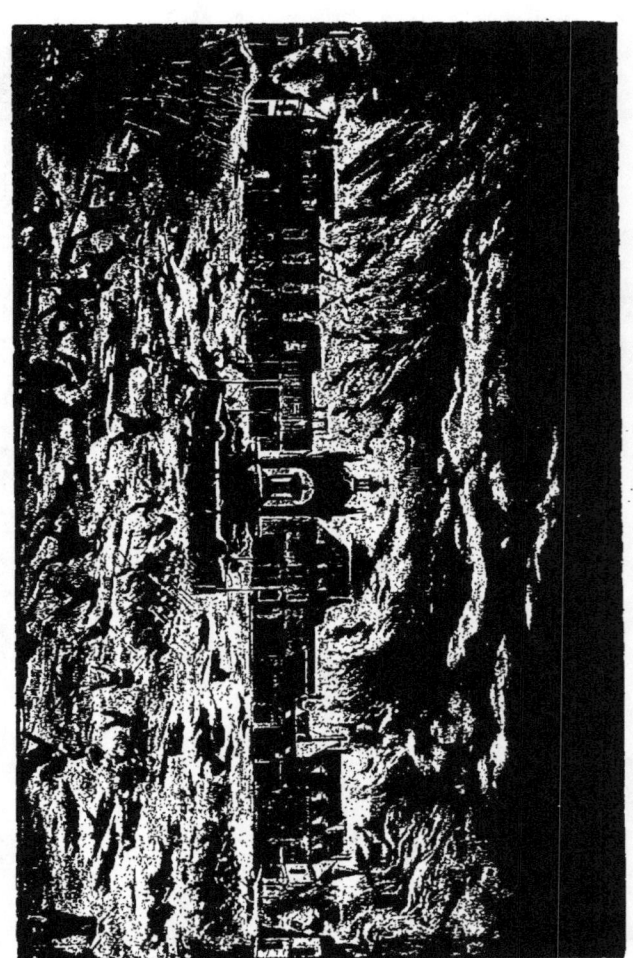

CHATEAUDUN. — Combat du 18 Octobre 1870.

ÉPISODES
DE LA GUERRE 1870-1871

CHATEAUDUN

ET

LOIGNY

EXTRAITS DE « L'ASTROLOGUE DE LA BEAUCE ET DU PERCHE »

CHARTRES
IMPRIMERIE GARNIER
15, Rue du Grand-Cerf, 15.

1888

CHATEAUDUN

Le 16 novembre au matin, un train spécial conduisait de Vendôme à Châteaudun le général de Sonis et son état-major; à Cloyes, le général descend du train et part dans une voiture que le général Guépratte, commandant une des brigades de la division, envoie à sa rencontre.

La ville de Châteaudun est encore toute frémissante du combat qu'elle a soutenu contre les Prussiens. C'est à Châteaudun que, le 18 octobre, un millier de francs-tireurs et gardes nationaux ont tenu toute la journée contre 8,000 Prussiens et plusieurs batteries d'artillerie. Le clocher massif d'une église du style roman est percé à jour; les rues d'Angoulême, de Chartres, d'Orléans ne sont littéralement qu'une vaste ruine. C'est qu'ils s'y entendent, Messieurs les Allemands! Une escouade imbibe de pétrole les maisons, une deuxième met le feu, une dernière empêche les habitants trop curieux de mettre le nez à la fenêtre, et les oblige à brûler avec leur habitation. Honneur à vous, Teutons, si nous avons produit la pétroleuse, c'est vous qui l'avez inventée! Que dire à ces braves gens, du reste: leur général lui-même, Mein Herr von Wittich, après un copieux dîner dans le meilleur hôtel de la ville, n'a-t-il pas mis le feu de sa propre main à ce même hôtel!

Et vous voulez, sauvages que vous êtes, têtes carrées, vous voulez que nous ne prenions pas une revanche, sanglante, terrible, sans pitié! Oh! si, nous la prendrons, allez, et ce jour-là, tenez-vous bien, mes braves, rira bien qui rira le dernier.

Pour donner une idée entière des actes sauvages qui s'accomplirent, je reproduis d'après le Journal de l'Invasion « *Châteaudun*, » de Paul Montarlot, l'épisode de l'incendie de cette triste soirée.

« Le dernier acte du drame s'accomplit alors. C'est une médiocre satisfaction pour l'ennemi d'avoir délogé les francs-tireurs dont les incursions nocturnes troublaient depuis un mois le sommeil : l'expédition a un tout autre but.

» Il faut tirer une éclatante vengeance de la ville qui, au lieu d'ouvrir humblement ses portes, a subi avec une héroïque obstination le choc d'ennemis dix fois supérieurs en nombre ; il faut frapper de terreur le pays entier, étouffer toute velléité de résistance, en faisant un exemple peut-être unique dans l'histoire de ce siècle. D'impitoyables résolutions ont arrêté la perte de Châteaudun, et c'est l'incendie qui la consommera. Une fois maître de la ville, la soldatesque envahit tout le quartier qui s'étend entre la station du chemin de fer et la place Royale. En un instant, les portes sont enfoncées à coups de hache, les fenêtres brisées, les habitants menacés, violentés, poussés à la pointe des baïonnettes, contraints à la fuite. Le feu est mis ensuite à toutes ces demeures dont plusieurs ne sont pas encore abandonnées. Les incendiaires vont méthodiquement de deux en deux maisons. A l'aide de torches, de bougies et de pétrole, ils embrasent les meubles, les rideaux, les matelas, sans se laisser toucher par les supplications des victimes. De la place on les voit courir comme de noirs démons au milieu des flammes qu'ils attisent. Une partie de la population s'est échappée, et la route de Brou offre à cette heure le spectacle lamentable de fugitifs à peine vêtus, de femmes et d'enfants terrifiés dont les clartés de l'incendie guident la retraite. Mais bien des personnes n'ont pu ou n'ont osé fuir. D'autres ont cru, par leur présence, sauver leurs maisons du pillage ou de la destruction. Espoir déçu! La férocité de l'ennemi dépasse toute prévision. Ni larmes ni prières ne sauraient arrêter cette effroyable exécution. Rue de Chartres, à l'auberge de la *Rose*, les Prussiens mettent le feu au lit d'un septuagénaire, qui, cloué par la paralysie, périt dans les flammes. A quelques pas de là, ils heurtent violemment la porte du capitaine retraité Michau, et, comme le vieillard se présente indigné sur le seuil, ils le tuent d'un coup de mousqueton. Le capitaine tombe dans les bras d'un parent qui le couche dans un fauteuil; mais l'incendie ne tarde pas à dévorer la maison, et, le lendemain, il ne restait de la victime que des ossements calcinés. A l'hôtel du *Grand-Monarque*, les soldats buvaient et mangeaient depuis sept heures. A onze heures, sans écouter les instances désespérées du propriétaire qui avait dû se prêter patiemment à leurs exigences, ils mettent le feu à l'hôtel en enflammant les rideaux des chambres et de petits tas de linge disposés par eux sous les meubles. Route de Vendôme, ils forcèrent un vieillard à leur présenter lui-même une bougie allumée, et, sous ses yeux, à ses côtés, embrasent les draps de son lit. Ils l'obligent, en outre, en le menaçant de leurs baïonnettes, à les conduire au magasin à fourrages militaire qu'ils incendient, puis, malgré ses soixante-dix ans, l'emmènent prisonnier.

» Il y aurait cent épisodes de ce genre à rapporter. Les soldats ont ainsi mis successivement le feu à *cent-quatre-vingt-dix-sept* maisons. C'est du courage et du triste. Walleinstein, Trenck, Tilly, tous les lansquenets et les pandours de la vieille Allemagne ont dû tressaillir de joie au fond de leurs tombes. Dès onze heures, les rues de Chartres, de Bel-Air, d'Orléans, du Sépulcre, d'autres adjacentes n'étaient plus qu'un immense foyer d'incendie dont la réverbération éclairait dix lieues d'horizon. »

A huit heures du soir, arrive l'ordre du général en chef de partir pour Fréteval avec toutes les troupes du 17ᵐᵉ Corps présentes à Châteaudun.

Il y avait à Châteaudun une brigade de la division de cavalerie, cuirassiers, dragons, lanciers, plus un bataillon de chasseurs à pied et le 46ᵐᵉ de marche, tous deux du 17ᵐᵉ Corps.

Châteaudun était commandé par le général Fièreck, qui avait sous ses ordres une colonne composée de zouaves pontificaux, de fusiliers marins, d'infanterie de marine, de mobiles ; ces troupes occupaient les positions en avant de Châteaudun, depuis le château de Moléans jusqu'à Bonneval, où l'on escarmouchait tous les jours.

Au nord de Chartres, à Nogent-le-Rotrou, nos troupes, sous les ordres du colonel Rousseau, du général Malherbe, etc., qui commandent des colonnes mobiles, se battent tous les jours, mais, accablées par des forces supérieures, elles battent en retraite, évacuent Dreux et se replient sur Nogent-le-Rotrou.

La colonne se met en marche le lendemain par un temps superbe. Tout le long de la route, les paysans offrent à boire à nos soldats. Nos dragons et cuirassiers sont un peu lents, après les haltes, pour se remettre en route, mais ce n'est là qu'un manque d'habitude : petit à petit, ces cavaliers-là sont devenus de rudes cavaliers; les Prussiens eux-mêmes ont rendu justice à notre cavalerie de l'armée de la Loire, qui, si elle n'a pas combattu en masse, a parfaitement fait son service d'éclaireurs et d'avant-postes. Demandez aux hulans et autres produits exotiques et barbares qu'elle a houspillés.

Avec la colonne marchait aussi une ambulance internationale irlandaise, mais ces braves gens auraient bien pu rester où ils étaient. Ils ne veulent prendre que les hommes ayant au moins une jambe cassée ou la tête fendue; les malades ou les éclopés ne les regardent pas, disent-ils. Ils se décident néanmoins à ramasser un sous-officier de lanciers dont le cheval s'est abattu et qui s'est donné une entorse, mais c'est tout juste

D'ailleurs on a souvent, depuis la guerre, vanté les ambulances internationales et les services qu'elles avaient rendus. Cependant rarement on a vu ces ambulances là où elles étaient nécessaires ou au moment où l'on en avait besoin. C'était le refuge d'un tas de farceurs qui trouvaient plus commode de porter la croix rouge, sur fond blanc, qu'un chassepot ou un Remington. Les villes en regorgeaient, mais les champs de bataille les imploraient souvent en vain : nos blessés pourraient le dire.

En traversant Morée, gros bourg encombré de mobiles, une scène plus drôle : Un photographe (ces gens-là se nichent partout), un photographe, posté au coin d'une rue, fabriquait le portrait de moblots désireux d'envoyer un dernier souvenir à leurs familles avant d'aller au feu. On peut se figurer les lazzis de nos troupiers en voyant cette scène. Il a fallu que le mobile qui posait à ce moment-là ait une rude envie de se faire portraiter pour ne pas broncher sous ce feu roulant de plaisanteries.

Comme tout a un terme en ce monde, même une étape, la colonne arrive à Fréteval. On case les troupes tant bien que mal : l'infanterie dans la ville même, les cuirassiers au château de Rocheux, les dragons et lanciers à Fontaine. Là rejoignent aussi la voiture du convoi, l'artillerie à cheval. L'état-major s'installe dans la Mairie, qui sert de corps de garde à Messieurs les soldats citoyens, et après un frugal repas, composé de pain et de fromage, chacun s'allonge voluptueusement sur la couche commune : la paille du poste renouvelée pour la circonstance.

A minuit et demi, réveil : Ordre du général en chef de retourner de suite à Châteaudun. On envoie les ordres nécessaires dans toutes les directions, et l'on se recouche. Franchement ce n'était pas la peine de quitter Châteaudun.

Du reste, pendant toute la campagne, il est arrivé des histoires de ce genre. Des ordres, des contre-ordres, des marches et des contre-marches; avec tout ce gâchis, nous éreintions les troupes, qui glissaient dans la main au moment décisif.

A Châteaudun les troupes reprennent leurs cantonnements. Le général Fièreck est parti pour le Mans. Le général de Sonis prend le commandement. Les nouvelles sont mauvaises : les Prussiens ont, dit-on, bombardé Illiers, tout près de Châteaudun; nous avons évacué Évreux.

La veille on s'est battu à Bonneval, le général y envoie un bataillon d'infanterie et deux escadrons de dragons. Dans le combat de la veille, les francs-tireurs ont blessé et pris un officier d'état-major prussien ou bavarois que l'on dit être le neveu de Bismarck. Une batterie d'artillerie arrivant de Dreux fait son entrée en ville, on la garde provisoirement.

Le 20, le général envoie un escadron de cavalerie légère occuper les avant-postes de Péronville et de Nottonville, se reliant par ce dernier point avec la ligne de la Conie, occupée par les zouaves pontificaux, marins, etc., et par Péronville, avec les avant-postes de cavalerie du 16me Corps, placé à notre droite.

Dans la journée arrive le général Deflandres avec le reste de sa division, 3me du 17me Corps. L'escadron d'éclaireurs de la Gironde envoyé en reconnaissance du côté de Brou et d'Illiers signale l'ennemi partout. Décidément ces gueux de Prussiens sont plus nombreux que les vols de sauterelles. Pendant ce temps, les Allemands essayent par tous les moyens possibles de ravoir l'officier d'état-major blessé et pris à Bonneval. Parlementaires, offre d'argent, attaque sur le village. Naturellement on s'entête à ne pas le leur rendre, et, malgré les souffrances de ce monsieur, le général l'envoie chercher par un peloton de lanciers. On l'amène à Châteaudun avec tous les ménagements possibles et on l'installe à l'hôpital. Le général de Sonis va le voir et s'excuse de la mesure qu'il a été obligé de prendre à son égard, mais lui explique que, comme il était devenu un danger permanent pour Bonneval, il a fallu l'en tirer. Le malheureux, qui a une cuisse cassée, souffre beaucoup, et ne paraît pas reconnaissant du tout des soins et des bonnes paroles qu'on lui prodigue. A une sœur de charité qui lui demandait s'il souffrait beaucoup, il répond brusquement : « Oui, je suis malade, mais vous autres Français, plus malades que moi ! » Toujours le mot pour rire, ces Allemands !

Quand nos troupes évacuèrent Châteaudun, on l'envoya à Tours, par le chemin de fer. Il n'y aurait rien d'étonnant à ce qu'il ait été rejoindre ses ancêtres, les vaincus d'Iéna, qui, du haut du ciel, leur demeure dernière (si tant est que des gueux comme ça vont au ciel), devaient être rudement contents pendant la campagne de France.

A Châteaudun se trouvait aussi le colonel de Charrette, le chef de ces zouaves pontificaux, officiellement appelés Volontaires de l'Ouest, qui se sont immortalisés dans cette terrible campagne. Il était difficile de voir une aussi belle tête de soldat que celle du colonel. Belle figure, énergique, intelligente, avec de grandes moustaches blondes, l'œil bleu, le cou dégagé dans son coquet uniforme de zouave, et cet uniforme recouvrait un crâne soldat. Commandés par un tel homme, animés par la foi qui enfante des prodiges, il n'est pas étonnant que les zouaves pontificaux se soient placés au premier rang par leur bravoure et leur discipline.

De tous côtés l'ennemi est signalé, il se rapproche de plus en plus de Châteaudun.

Dans la journée, on apprend que Bonneval est sérieusement menacé. La 1re brigade de la 3me division, général Deflandres, est envoyée sur la Conie, établissant son quartier général à Varize; la 2me brigade et la cavalerie vont à cinq kilomètres en avant de Châteaudun.

C'est de là que le 17me Corps allait partir quelques jours plus tard pour marcher sur la forêt de Marchenoir et prendre une glorieuse part à la bataille de Loigny, terrible journée où la carrière de son vaillant chef fut arrêtée d'une façon si tragique, privant la patrie en danger d'un général qui était à la fois un soldat d'une grande bravoure et un chef plein de vigueur et d'entrain.

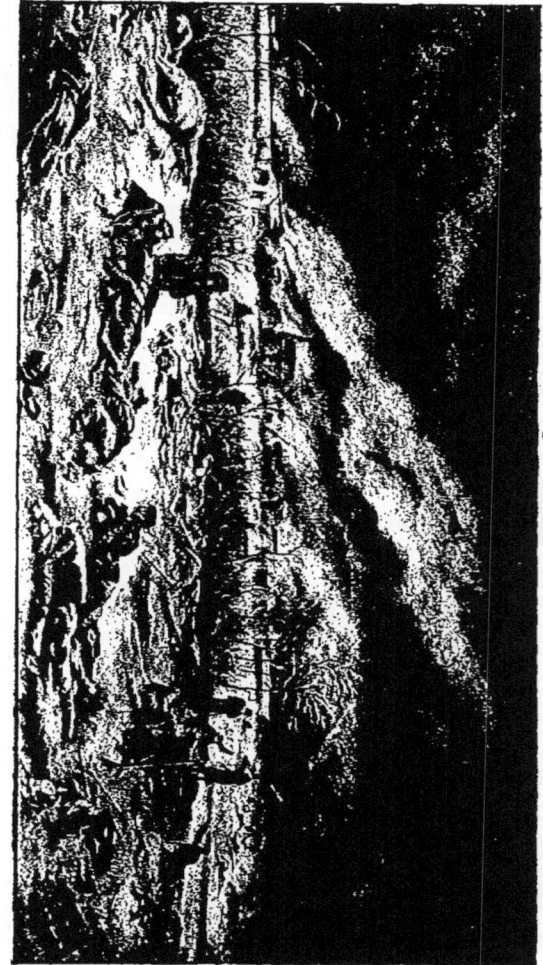

LOIGNY. — Nuit du 2 Décembre 1870.

Paul Richer

Reproduction autorisée.

LOIGNY

Le 30 novembre au matin, suivant les ordres donnés, le 17ᵉ corps en entier, commandé par le général de Sonis, se porte en avant, marchant sur Coulmiers pour soutenir le 16ᵉ corps commandé par le général Chanzy, qui se portait sur Patay, et prendre la gauche de l'armée. Le 21ᵉ corps, qui se formait rapidement, devait venir plus tard se placer à notre gauche. Au moment où les têtes de colonne sortaient d'Ouzouer-le-Marché, on entend le canon du côté de Villemblain. Le corps d'armée se forme en ordre de combat. Mais cette canonnade cesse bientôt et nous reprenons notre marche sur Coulmiers, où nous arrivons vers une heure de l'après-midi. Nous y trouvons la brigade Roud, du 16ᵉ corps, qui se met en route aussitôt après nous avoir remis les postes.

Nous nous installons au château de Coulmiers, appartenant à M. de Lillebonne. Impossible de voir quelque chose de plus désolé et de plus désolant que ce malheureux château. On s'y est battu pendant toute la journée du 9 novembre ; il a été occupé par les Prussiens, dont les indications à la craie sont encore sur toutes les portes, puis par les Français, puis il a servi d'ambulance. Ce n'est pas gai d'être propriétaire sur le théâtre de la guerre! Les jardins sont dévastés, les arbres coupés. Et dire que le malheureux était destiné à héberger encore une fois les Prussiens!

Pendant notre séjour à Coulmiers, arrive à l'état-major du corps d'armée un monsieur se disant ingénieur en chef du 17e corps. Je me souviens que nous vîmes ce monsieur d'un très mauvais œil et qu'il fallut toute l'autorité du général de Sonis pour nous empêcher de lui faire une avanie. C'était pourtant bel et bien un ingénieur en chef des ponts et chaussées, M. de V., qui est resté au 17e corps et, ensuite, à l'état-major général de l'armée pendant toute la campagne.

C'est à Coulmiers également que nous fûmes rejoints par les éclaireurs algériens commandés par le capitaine de la Roque (1). Je fus obligé de leur taper dessus à grands coups de bâton pour les empêcher de dévaliser la réserve de bois du châtelain. Que voulez-vous ? Ces braves fils du désert regrettaient leur beau soleil, et moi donc !

Dans la journée du 1er décembre, nous recevons l'ordre de nous porter en avant pour soutenir le 16e corps engagé depuis le matin. Nous partons immédiatement avec tout ce que nous avons de disponible, et nous arrivons dans la soirée à Saint-Péravy-la-Colombe, où a été pendant longtemps le quartier-général du général Chanzy. Nous nous installons dans le château dans lequel règne un beau désordre. A peine arrivé, le général reçoit

(1) Aujourd'hui général de brigade.

un billet du général Chanzy, le priant de lui envoyer le lendemain matin une brigade à Patay pour le soutenir, car il a été engagé toute la journée et pense l'être vigoureusement le lendemain.

Le général se décide à se porter de sa personne à Patay, avec toutes les troupes qu'il a sous la main. Les ordres donnés en conséquence, nous prenons quelques heures de repos. Un monsieur qui a vu la bataille de la journée arrive à Saint-Péravy pendant que nous dînons et nous raconte les péripéties du combat qui a été très glorieux pour nous. C'est égal, pourquoi ce monsieur, qui était jeune et vigoureux, n'était-il pas au moins dans la mobile ?

Le 2 décembre au matin, avant le jour, le général de Sonis arrive à Patay avec sa 2e division, sa brigade de réserve, sa cavalerie, sa réserve d'artillerie ; la 3e division suivait de près ; la 1re, plus en arrière, ne pouvait arriver que tard dans la journée. En arrivant, le général établit ses troupes dans un champ à gauche du village, afin que l'intendance puisse leur faire toucher plus facilement les vivres qu'elles n'ont pas reçus depuis deux jours. En même temps, l'aide de camp du général, le capitaine d'état-major de La Gatinerie, va chez le général Chanzy lui annoncer notre arrivée. Ce dernier répond qu'une brigade lui suffisait et que nous avions eu tort de nous déranger. Pendant ce temps, nous gelions dans notre champ.

Dès huit heures du matin, le canon se fait entendre dans la direction de Loigny, Villepion, c'est la division de l'amiral Jauréguiberry qui est engagée. Vers neuf ou dix heures, le général se décide à entrer dans le village encombré de troupes, convois du 16ᵉ corps. Nous arrivons à la maison occupée par le général Chanzy, que le général de Sonis croyait parti, mais il était encore là. Il répète lui-même au général de Sonis qu'une brigade lui suffisait, puis on lui amène des prisonniers qu'il fait interroger. C'est un poste de uhlans, d'une quarantaine d'hommes, qui a été surpris dans une ferme par les francs-tireurs de Paris et qui a été enlevé en entier, officiers, hommes, chevaux ; dans la rue, on entend le clairon : ce sont les francs-tireurs de Paris qui vont prendre position à Guillonville. Le général Chanzy monte à cheval et part, nous laissant cinq officiers bavarois pris la veille. Un capitaine d'état-major, M. de Luxer, qui parle allemand, est chargé de ces messieurs qui sont fort bien tous les cinq et paraissent parfaitement élevés. Sur ces entrefaites, arrive notre 3ᵉ division qui bivouaque avec le reste de nos troupes.

Vers midi, au moment où nous allons nous mettre à table (ce qui ne nous arrivait pas souvent), arrive un officier de francs-tireurs de Paris qui nous dit qu'ils ne peuvent tenir à Guillonville ; adieu le déjeuner, il faut aller nous battre le ventre creux.

Toutes les troupes disponibles du 17ᵉ corps se portent en avant du côté de Guillonville. La canonnade continue, furieuse, sur notre droite vers Terminiers, Loigny, Villepion ; nous apercevons la fumée des maisons, des meules brûlées par les obus. Le général se décide de suite à marcher au canon, envoyant une simple reconnaissance sur Guillonville, où les Prussiens ne peuvent pas être en nombre. A peine notre changement de direction est-il exécuté qu'il nous arrive un, deux, jusqu'à quatre officiers ou estafettes du général Chanzy nous appelant à son secours.

C'est pressé, car tout ce monde nous arrive au triple galop. Nous marchons le plus vite possible ; la 2e division (une brigade seule avait rejoint) à droite sur Terminiers, la réserve sur Loigny, la 3e division derrière. Nous sommes sur le terrain enlevé la veille aux Bavarois. Un assez grand nombre de chevaux tués ou blessés plus ou moins grièvement sont abandonnés çà et là. Dans un sillon, un de nos dragons est étendu mort, la tête enlevée presque complètement par un éclat d'obus sans doute ; la mâchoire inférieure et la barbiche restent seules. Nous apercevons en avant un assez fort groupe de voitures. J'y cours : ce sont des chasseurs à pied conduits par un sergent qui amènent à Patay des blessés français et bavarois. Plus loin, des médecins prussiens faits prisonniers la veille sont dirigés en arrière sur nos ambulances.

Nous approchons du théâtre de la lutte ; la canonnade est furieuse, on commence à distinguer le bruit strident et énervant des mitrailleuses. Une longue colonne de voitures sort de Terminiers, le général m'y envoie : ce sont des bagages du 16e corps qui filent en arrière ; l'ennemi se rapproche, les obus tombent dans le village. Je rencontre un des officiers d'ordonnance du général Chanzy, une ancienne connaissance d'Afrique, lancé à un galop effréné : « Eh ! Bonjour, me crie-
» t-il, où est le général de Sonis, il nous faut du
» canon, ça va mal ! » Je lui indique où était le général. A peine retourné près de celui-ci, il me faut galoper après l'artillerie ; au trot, les pièces

de 8 ! et voilà toute cette lourde artillerie qui arrive au grand trot, faisant trembler le terrain. En chemin, je me croise avec des francs-tireurs ; j'entends l'un d'eux crier : « Tiens, M. B... » C'était X***, un algérien qui me reconnaissait et qui était là avec les francs-tireurs de Blidah ; et les autres de dire : « Un chasseur d'Afrique, vivent les chasseurs d'Afrique ! » — et moi de répondre : « Allez, mes amis, dépêchez-vous d'aller vous faire tuer, on a besoin de vous. » Et je passe.

Nous rejoignons à ce moment les premières troupes du 16e corps, un régiment de ligne qui bat en retraite, mais sagement, lentement. Nous arrivons : il s'arrête et fait face en tête. Pendant une de mes courses, le général de Sonis et le général Chanzy se sont vus et parlé ; quand je reviens, notre place est indiquée : la 2e division et la réserve au centre, en avant de Loigny où se porte le principal effort des Prussiens ; la 3e division, en réserve à l'extrème gauche et un peu en arrière, avec la division de cavalerie, couvrent notre flanc gauche du côté d'Orgères, par où l'on craint un mouvement tournant de l'ennemi ; la 1re division n'est pas arrivée. A notre gauche est la division de l'amiral Jauréguiberry qui se bat depuis huit heures du matin et tient encore dans Villepion ; avec nous une partie de la division Barry ; à notre droite, vers Terminiers, le reste de cette division et les restes de la division Maurandy. Plus à droite encore, vers Artenay, doit être le 15e corps ; en face de nous, les troupes prussiennes, qui reçoivent constamment du renfort et qui ont repris Loigny, Faverolles, Villours, qui attaquent avec vigueur Villepion et Terminiers et nous criblent de projectiles : il est à peu près 3 heures.

Notre artillerie se met en batterie et répond par un feu d'enfer au terrible feu des Prussiens; nos troupes, déployées, sont couchées pour éviter autant que possible les projectiles de l'ennemi; ce n'est point une précaution oiseuse, car certes jamais de ma vie je n'ai vu et ne verrai un feu pareil. Les troupes du 16e corps, encouragées par notre présence, reprennent l'offensive : un mouvement d'arrêt se produit sur toute la ligne; l'artillerie entière des deux corps d'armée est en batterie et fait rage. A Villepion, les troupes de l'amiral se massent en avant du village, dans le château, dans le parc et tiennent quand même. Il y a là des régiments, les mobiles du Loir-et-Cher entre autres, qui n'ont plus de cartouches et qui n'ont pas de baïonnettes. En courant porter un ordre, je les rencontre : « Où allez-vous ? — Nous n'avons pas de munitions. — Ça ne fait rien, restez là ! » et ils restent. L'amiral serre tout son monde autour de lui avec ou sans munitions et il tient. A Terminiers nous tenons ferme, le village est à nous, les Prussiens ne peuvent l'aborder. En face de nous, l'artillerie prusienne est forcée à reculer; le général de Sonis porte aussitôt notre artillerie en avant, et le combat recommence avec la même vigueur; ce mouvement nous rapproche de Loigny.

A ce moment, on entend le canon sur notre gauche : ce sont des batteries prussiennes et de la cavalerie qui tentent une diversion de ce côté. Le général de Sonis s'y porte rapidement de sa personne et fait mettre en position, en arrière du château de Villepion, une batterie de 8 et trois mitrailleuses. Je vois encore cette magnifique ligne de cuirassiers allemands arrivant en bataille sous les rayons du soleil couchant; à gauche, une batterie ou deux, dont les obus commencent à arriver sur nous. Aussitôt en place, les nôtres ouvrent le feu, à bonne portée, 1,800 mètres environ : le 8 sur les pièces prussiennes dont le feu est rapidement éteint, et les mitrailleuses sur les cuirassiers. De ma vie, je n'oublierai ce spectacle : les mitrailleuses font feu avec un grincement sinistre, un immense trou se produit dans les cuirassiers ; ils avancent toujours.

Feu ! leur mur d'acier est criblé de brèches.

Feu encore ! là, tout ce qui n'est pas tué disparaît ; mais beaucoup, pour sûr, seront restés sur le carreau.

Il est quatre heures. Tranquilles de ce côté, nous retournons devant Loigny. Le combat d'artillerie continue. Les projectiles tombent tellement dru, que nos fantassins, affolés, reculent. Nous nous jetons à la traverse. Seul, le revolver au poing, j'arrête, pendant cinq mortelles minutes, un détachement de ligne qui se débandait, en menaçant de casser la tête à quiconque dépassera le sillon où je suis placé. Les officiers remettent de l'ordre et cette troupe repart en avant. Nous avançons toujours, mais les projectiles tombent tellement serrés que nous faisons coucher encore une fois l'infanterie. Enfin, vers 4 heures 1/2, soit qu'il ait cru à un succès, soit plutôt pour masquer et couvrir le mouvement en arrière de notre armée, le général se décide à tenter en avant un mouvement décisif. Depuis longtemps déjà, nous sommes assez près des Prussiens pour que nos tirailleurs se fusillent avec eux. Nous touchons presque Loigny, nous sommes sur Faverolles, un effort, et nous les enlevons : « Allons, debout l'infanterie, en avant et vive la France ! » Quelques hommes se lèvent, mais la masse reste couchée. Nous nous jetons au milieu, nous tapons dessus, nous crions : En avant! les officiers font l'impossible, pas moyen, ça tombe trop. Nous pleurons de rage : « Allons, les enfants, debout, debout, en avant! » — Rien! le général de Sonis, furieux, court à sa réserve composée des zouaves pontificaux.

« Charette, s'écrie-t-il, donnez-moi un de vos » bataillons, montrons à ces drôles comment se » font tuer les gens de cœur! »

Nous partons à la tête du 1er bataillon de zouaves pontificaux. Je rencontre le général de Bouillé, notre chef d'état-major, auquel j'avais prêté mon calepin un instant avant : je le lui réclame, il me le rend ; à peine l'ai-je quitté qu'un obus éclate entre nous deux ; un éclat le frappe à l'épaule, je ne l'ai su que dans la nuit.

Avec les zouaves, nous dépassons nos troupes encore couchées.

Magnifique, ce bataillon de zouaves! ils marchent, déployés en tirailleurs, sans cri, sans tourner la tête, bravement : « Appuyez à droite, les zouaves! » et ils appuient. A quelques pas en avant de la ligne, un d'entre eux, sans armes, porte au bout d'un bâton une bannière blanche sur laquelle sont brodés, en lettres rouges, ces mots : « Dieu et Marie sauveront la France! » Ne riez pas, sceptiques, on ne rit pas dans ces moments-là! Cette bannière, brodée par les dames du Sacré-Cœur de Poitiers, la pépinière des Pontificaux, était arrivée dans la nuit au colonel de Charette; elle devait recevoir un rude baptême.

Avec les Pontificaux marchaient la 5e compagnie de francs-tireurs de Tours et la compagnie des francs-tireurs de Blidah. En passant au milieu de nos fantassins couchés, nous essayons de les faire lever. Entraînés par l'exemple des zouaves, soutenus par le feu d'une batterie de 8 qui vient tirer par dessus nos têtes, ils se décident et marchent en avant. A droite, nous atteignons la ferme de Villours, d'où nous débusquons les Prussiens; on les voit filer le long de la crête, en courant à toutes jambes ; nos fantassins les criblent de balles : ils tombent comme des mouches. Alors, rien ne nous arrêtant plus, nous nous lançons sur le bois situé en avant de Loigny et fortement occupé par les Allemands : En avant! En avant! Et vive la France ! Ce fut un beau moment, trop court hélas ! Le général de Sonis, heureux de l'entrain des troupes vigoureusement enlevées, plein de confiance en Dieu, serre la main de la Gatinerie, qui se trouvait à son côté ; je pousse mon cheval entre les deux : « Hé ! mon général, j'y suis aussi, moi. » — Je le sais bien, mon ami, me répond-t-il en souriant.

Le colonel de Charette qui venait de me dire en se frottant les mains : « Quelle jolie charge à la baïonnette nous allons faire ! » passe à côté de moi sur un grand cheval noir et se met à la tête de ses zouaves. Pendant ce temps, les balles sifflaient, miaulaient, et les hommes tombaient comme grêle. En ce moment, nous sommes si près de l'ennemi que notre artillerie est obligée de cesser son feu ; tout-à-coup le feu des Prussiens décuple, et un véritable ouragan de plomb fond sur nous. J'étais un peu à gauche du groupe formé par les officiers à cheval : le général m'avait envoyé faire lever les fantassins qui avaient une velléité de se recoucher derrière un petit talus. Je rejoignais au grand trot, me faisant petit sous les balles : je vois un désarroi épouvantable, dans l'état-major : La Gatinerie désarçonné, le pied pris par l'étrier, est entraîné par son cheval blessé et fou de douleur ; le sous-lieutenant l'Hermitte, officier d'ordonnance du général, de service, à pied et dessellant sa jument qui s'affaisse grièvement blessée ; l'adjudant-major des zouaves de Ferron, blessé à la cuisse ; le commandant de Troussures, des zouaves, blessé à mort et son cheval tué ; le commandant d'état-major Leguern a son cheval blessé. Le général restait seul, les spahis d'escorte avaient disparu.

Au même instant, j'entends : Toc ! et j'oscille sur ma selle ; je suis touché, non pas sur moi, mais dans mes fontes probablement.

Ce n'étaient plus des balles, mais des nappes de plomb, qui arrivaient. Instinctivement, sans le vouloir, j'avais pris le pas, j'étais à côté d'un lieutenant de Pontificaux, à cheval, comme moi, qui s'appelait, je crois, M. de Harscouët ; je vois le général de Sonis, immobile, penché sur l'encolure de son cheval. Je dis à M. de Harscouët : « Le général est blessé ! » Nous touchions au bois de Loigny, les zouaves y étaient entrés, furieux de leurs pertes, lardant les Prussiens de coups de baïonnette. A gauche, l'infanterie débordait le bois. J'arrive au général : « Êtes-vous blessé, mon général ? » — « Ah ! mon pauvre ami, me dit-il, ils m'ont tué, j'ai la jambe broyée ! » — Je saute à terre et veux emmener son cheval par la bride, en dehors des balles qui tombent toujours. — « Oh ! pour l'amour de Dieu, mettez-moi à terre, je souffre trop ! » — J'insiste pour l'emmener. — « Non, je souffre ! je souffre ! » — Aidé de M. de Harscouët, nous le descendons de cheval et le couchons ; la tête appuyée sur mon bras gauche, il se met à prier. Passe un zouave, nous lui faisons desseller le cheval du général et mettre la selle sous sa tête, en guise d'oreiller, puis M. de Harscouët retourne au feu ; je prie le commandant Leguerin, qui nous avait rejoints sur son cheval blessé, de tâcher de trouver un médecin, et je reste seul au milieu des balles qui continuent à pleuvoir et dont l'une vient casser la jambe du cheval du général, tout contre ma jambe à moi. C'est alors que je vis où avait frappé la balle qui m'avait fait osciller sur ma selle : elle avait broyé la poignée de mon sabre, que je portais sous la cuisse, comme les spahis, et légèrement blessé mon cheval. Je dois là une fière chandelle au saint dont je porte le nom.

Seul, sur ce champ de bataille, entouré de morts et de blessés qui poussaient des cris de douleur, appelant un aumônier, un médecin, du secours, quand je vis mon pauvre général si bon, si brave, étendu là, la cuisse broyée par une balle, j'eus un moment d'angoisse horrible en songeant à mon impuissance ; impossible de l'enlever à moi seul, personne autour de moi. La nuit arrivait grand train. « Sommes-nous vainqueurs ? » me demande le général. — « Je le crois, les nôtres avancent toujours. » — « Laissez-moi, mon ami, me dit-il, allez annoncez ma blessure et faites prendre le commandement par quelqu'un, c'est urgent. » — Je refuse de le quitter. Nous continuons à causer, le général voulant que je parte, moi refusant et cherchant toujours quelqu'un pour m'aider à l'enlever, mais personne ne paraît. Le général priait, me parlait de sa femme et de ses enfants ! Moi, je pleurais de douleur et de colère. Tout à coup, les balles, qui devenaient rares, recommencent à tomber dru comme grêle ; l'infanterie à gauche du bois revient à la débandade, mêlée de zouaves, ramenant quelques prisonniers. Plus de doute, les Prussiens reprennent l'offensive, et une offensive vigoureuse ; de notre côté, pas un homme à leur opposer. Je me penche vers le général : « Mon général, les Prussiens reviennent, nous allons être pris. » — « Mon ami, me répond-t-il, nous ne sommes pas ici pour nous faire prendre, laissez-moi. » — « Eh bien, lui dis-je à mon tour, il me reste un dernier espoir, je vais tâcher de vous faire enlever. »

La nuit était venue. Je me dirige vers la batterie d'artillerie qui était toujours en arrière de nous ; je marche à reculons pour tâcher de ne pas perdre de vue le général, mon cheval suivait, la bride entortillée autour de mon poignet. J'arrive aux artilleurs, la batterie est attelée. — « Pour l'amour de Dieu, quatre hommes de bonne volonté pour enlever le général de Sonis qui est couché là-bas. » — « Monsieur, me répond un chef d'escadrons, il faut avant tout que je sauve mes pièces, et la batterie part au grand trot. Je reviens en avant, mais je suis bousculé par les fuyards, j'ai beau crier, essayer d'arrêter quelqu'un, je suis renversé. Je me relève et j'essaye, en me portant en avant dans trois directions différentes, de retrouver le général. Dans cette plaine couverte de morts, bousculé comme je l'étais par les fuyards, dans la nuit noire, sous la grêle de balles qui ne cessait pas, ce fut impossible. Je vis que j'allais me faire tuer inutilement, et, envoyant du cœur et de la voix un dernier adieu à mon pauvre général, je remonte à cheval et retourne en arrière, suivant le mouvement général.

Je retrouve un peu plus loin nos batteries qui se

ralliaient autour du colonel de Langlade, commandant l'artillerie du 17ᵉ corps. Le colonel Gresset, son chef d'état-major, était avec lui; je les aborde et leur raconte ce qui vient de se passer. Je reste avec ces messieurs et j'avais froid, allez! Car, dans la journée, trempé de sueur, malgré le froid, à la suite des courses échevelées que j'avais faites; j'avais quitté mon manteau en changeant de cheval et je l'avais laissé à mon ordonnance. Enfin, l'artillerie ralliée, nous nous mettons en route pour Patay. En chemin, nous rencontrons des ambulances, et, avec l'une d'elles, l'intendant Keller, un ami du général de Sonis, qui promet de faire l'impossible pour le retrouver. Vers minuit, j'arrive à Patay, je retourne à la maison que nous avions occupée le matin; je retrouve mon ordonnance qui pleurait : le pauvre garçon me croyait mort et eut un accès de joie folle en me revoyant. Mes camarades me prirent pour un revenant; tous me croyaient mort : un d'eux disait m'avoir vu tomber. Heureusement, il n'en était rien, et, grâce à Dieu, j'étais sorti de cette atroce bagarre.

A Patay, je retrouve le général de Bouillé avec son éclat d'obus dans l'épaule; il y a une petite opération à lui faire, et, personne n'osant éclairer les docteurs, au nombre de trois, un Français, un Prussien et le médecin civil chez lequel nous étions logés, je suis obligé de tenir la bougie.

On enlève de l'épaule du général un joli petit morceau de plomb à peu près large et épais comme une pièce de cent sous. Il en sera quitte pour un séton. Au même instant, on me dit que le général de Sonis vient d'être apporté au village. Malgré l'invraisemblance de cette nouvelle, je cours dans toutes les ambulances, et, naturellement, je ne trouve rien. Je me souviens d'un grand diable de docteur, recouvert d'un tablier blanc, qui me donna le frisson rien qu'à le voir. Je retourne à la maison. Le général Guépratte, qui prenait provisoirement le commandement du 17° corps, causait avec le général Deflandres, dont la division était rentrée à Patay. Il est convenu que, le lendemain, j'irais en parlementaire aux avant-postes prussiens, accompagné de l'ingénieur en chef, M. de V., pour avoir des nouvelles du général; le général de Bouillé envoyait aussi à la recherche du général de Sonis un aide-major de francs-tireurs qui promit de faire de son mieux.

J'étais brisé de fatigue. Je passe dans la salle à côté et j'y retrouve l'Hermitte. Il avait eu le sang-froid de desseller et débrider son cheval tué, sous une grêle de balles, et, la selle sur le dos et la bride passée au bras, il était rentré tranquillement. La Gatinerie, légèrement blessé, avait disparu. Nous mangeâmes un morceau. Pendant ce temps, mon ordonnance, qui pleurait de joie cette fois, m'annonce que mon deuxième cheval est blessé à la jambe, par un éclat d'obus probablement. Heureusement, j'ai pu ramener ces deux vaillantes bêtes, toutes deux blessées le même jour. Braves petits chevaux, si vigoureux, si dociles, si sobres, que tout le monde m'enviait et qui m'ont rendu tant de services pendant la campagne! Le cheval d'Afrique est bien, quoi qu'on en ait pu dire, un excellent cheval de guerre. Enfin je m'étendis sur un lit avec l'Hermitte et ne tardai pas à m'endormir profondément.

Telle fut, pour moi, la bataille de Loigny. C'est là le récit exact et fidèle de ce que j'ai vu dans cette journée si meurtrière, si glorieuse, et en même temps si malheureuse pour nos armes. Les zouaves pontificaux avaient été héroïques, mais ils furent presque anéantis. Trois fois, le porte-bannière fut tué; le quatrième, blessé, put revenir avec son précieux fardeau. Sur 14 officiers présents au bataillon, deux seulement ne furent pas blessés, et encore, sur ces deux, l'un eut son cheval tué sous lui. Les francs-tireurs de Blidah et de Tours, qui chargeaient avec eux, avaient été à leur hauteur et s'étaient battus comme des lions. A onze heures du soir, les débris de cette colonne se battaient encore dans Loigny, que les Prussiens avaient occupé puis abandonné de nouveau. Je tiens ce détail du général de Sonis lui-même, qui passa la nuit sur le champ de bataille et ne fut relevé que le lendemain, avec le fémur brisé en vingt-cinq morceaux, une fluxion de poitrine et les deux pieds gelés. Heureusement, l'amputation réussit, grâce aux soins dévoués du docteur Dujardin-Beaumetz, qui, avec les médecins de régiment présents, avait organisé une ambulance à Loigny même, dans laquelle furent soignés plus de 2,000 blessés. D'ailleurs à quelque chose malheur est bon, car le docteur m'a dit que, si j'avais pu faire emporter le général de Sonis à Patay, à près de 3 lieues en arrière, il serait mort infailliblement par suite d'hémorrhagie.

Le général m'a raconté qu'un peu après mon départ, les Prussiens arrivèrent en colonnes profondes; l'un d'eux acheva à coups de crosse le commandant de Troussures qui respirait encore. Le général tomba sur un sous-officier qui, plus humain, lui serra la main en l'appelant camarade. En fait de soins, MM. les Tudesques lui volèrent tout ce qu'ils purent, mais une forte somme en or et une montre que le général portait dans le gousset de sa culotte échappèrent à leur rapacité. Le lendemain matin, deux officiers prussiens, un de dragons et un de uhlans, arrivèrent en caracolant, mirent pied à terre et se mirent tranquillement à retourner les poches des zouaves pontificaux qui jonchaient le sol; comme il y en avait beaucoup et que presque tous, jeunes gens de famille, devaient avoir de l'argent, cette promenade matinale a dû être lucrative pour ces messieurs. C'est égal, quels honnêtes gens que ces Prussiens et quels sentiments délicats les animent!

www.ingramcontent.com/pod-product-compliance
Lightning Source LLC
Chambersburg PA
CBHW060702050426
42451CB00010B/1240